La pasajera misteriosa

Escrito por A.C. Quintero

Cover and Interior Artwork by N.G. Alan
ISBN: 9798565513493

Acknowledgements

 I am so grateful for the teachers who have reviewed and provided me with valuable feedback. I'd like to thank, Carlos Quintero, Vanessa Monell Mercado, Theresa Jensen, Jennifer Degenhardt, Sandra Prieto and Ana Andrés for their attention to detail, and helpful comments that ultimately shaped this work. I had no idea that a trip to Hawaii would inspire such a heartwarming story.

Copyright A.C.Quintero @2020

All rights reserved. No part of this publication may be reproduced, distributed, or transmitted in any form or by any means, including photocopying, recording, or other electronic or mechanical methods, without the prior written permission of A.C. Quintero.

A.C. Quintero
acquinterobooks.com

Contenido

Capítulo uno	El partido de baloncesto
Capítulo dos	El enemigo
Capítulo tres	El viaje
Capítulo cuatro	Trance
Capítulo cinco	El aeropuerto
Capítulo seis	La pasajera del 28 F
Capítulo siete	Hawaii
Capítulo ocho	Las vacaciones
Capítulo nueve	El desayuno
Capítulo diez	Mamá mía
Capítulo once	El tiburón
Capítulo doce	La cena
Capítulo trece	Adiós, Hawaii
Epílogo	

Capítulo uno
El partido de baloncesto

Es el **campeonato**[1], el último partido de la escuela, y es intenso. Después de una hora, todos van a saber cuál es el mejor equipo: Los Jaguares o Los Tigres.

Los estudiantes, los amigos y los familiares están presentes en el partido. Hay una diferencia de tres puntos. Si Los Tigres tienen los tres puntos, pueden ganar. Omar tiene el **balón**[2]. Corre hacia la **cesta**[3] y salta con el balón. **Marca**[4] el punto. Los fanáticos de Los Tigres lo celebran.

—¡Es mi hijo! —dice la madre de Omar.

Omar corre hacia el público y levanta los brazos. Todos gritan.

Xavier, del mismo equipo, corre buscando una oportunidad de recibir el balón. Mira hacia el público. Busca a su padre. Pero su padre no está.

—¡Xavier! ¡Atención! —le grita Omar.

---

[1] campeonato= championship

[2] balón= basketball

[3] cesta= net

[4] marca= scores

—Pásame el balón —dice Xavier al notar que su equipo puede ganar el partido.

Omar le pasa el balón a Xavier muy rápido. Xavier está solo por unos segundos y tiene la oportunidad de hacer **un tiro de tres puntos**[5]. Jalen, el chico del equipo de Los Jaguares, corre hacia él. Xavier se mueve muy rápido. Levanta los **pies**[6] y tira el balón. Todos miran cómo el balón **vuela**[7] por el aire. Parece que Los Tigres van a ganar el partido. Han esperado tres años para ganar.

Todos se levantan. Es el momento más esperado. Xavier está emocionado, porque quiere tener reputación de ser un buen jugador de baloncesto, tal como su padre.

—¡Genial! —grita Xavier al ver el balón.

En ese momento, su madre se levanta y grita:

—Sí, hijo, ¡eso es!

Al parecer, el balón tiene un plan diferente. De repente, el balón toca la cesta. No entra.

Los jugadores del otro equipo saltan muy contentos. Se abrazan.

---

[5] un tiro de tres puntos= 3-point shot

[6] pies= feet

[7] vuela=flies

—¡Somos los campeones otra vez!

—gritan los jugadores.

Los Tigres están en *shock*.

—¡Caray! Otro partido perdido —dice Omar furioso.

—Lo siento, chicos, **fue**[8] mi error. —admite Xavier.

—Está bien. Jugamos bien. Jugamos como equipo y es lo único que importa —dice su amigo.

Omar, el capitán, interviene otra vez.

—Xavier, tú no sabes jugar al baloncesto. Eres buen nadador y juega bien al béisbol, pero el baloncesto no es tu talento.

—Yo juego bien..., es que... —dice Xavier intentando explicarse.

—¿Cómo puedes ser hijo de un jugador de baloncesto y no sabes jugar?

—Omar, es un comentario muy injusto. No puedes atacar la identidad de Xavier —dice el otro jugador.

—No es injusto. Es la verdad. Su padre era un jugador excelente en la universidad. ¿Por qué no puede jugar como él? —repite Omar.

---

[8] fue= it was

Xavier lo mira furioso. No es la primera vez que Omar ataca su identidad.

—¿Qué dices? —le pregunta Xavier en un tono serio.

El amigo mutuo nota que hay tensión entre Xavier y Omar.

—Bueno, lo repito: Eres patético y no puedes jugar al baloncesto.

Xavier no puede resistirse a la oportunidad de atacarle.

¡Pum! Le **empuja**[9] muy fuerte.

—¿Me empujaste? Te voy a dar una muy buena lección —dice Omar mientras empuja a Xavier también.

—¡**Que peleen**![10] Que peleen —gritan algunos estudiantes mientras sacan sus celulares.

El técnico, que es profesor de la escuela, lo observa todo. Corre hacia los estudiantes.

—¡Guarden esos celulares y váyanse! –les grita el técnico a los estudiantes.

Después camina hacia Omar y Xavier.

---

[9] empuja= pushes

[10] ¡que peleen!= fight! fight!

—Chicos, esto no es el mejor ejemplo de solidaridad. Queremos ganar, claro, pero está bien perder. ¡No deben atacarse!

—Perdimos porque tenemos un **perdedor**[11] en el equipo. Es afroamericano y no puede jugar al baloncesto; es absurdo. Su padre nunca le enseñó.

—Omar, no puedes hablar así. Xavier es un buen jugador. Tú eres el capitán y líder. Los líderes no hablan así.

—No lo es, y no es de aquí además. Xavier, ¿por qué no vuelves a tu escuela privada? —dice Omar.

Xavier lo empuja de nuevo.

—Tal vez no soy de aquí, pero tengo mucho que enseñarte si quieres —dice Xavier.

—¡**Fuera**![12] —le grita el profesor a Omar.

En ese momento la madre de Xavier se acerca.

—Xavier, ¿qué está pasando? Tú no eres un chico violento. Me sorprende tu reacción.

—Nada, todo está controlado —le dice a su madre.

---

[11] perdedor= loser

[12] ¡fuera!= get out!

—Xavier, algo sí está pasando. No quiero hablar sobre tus notas ahora, pero no son muy buenas, y tus acciones recientes en la escuela me preocupan mucho —dice el técnico.

—¿Qué pasa? —pregunta la madre.

—No quiero hablar. Me voy a cambiar —dice Xavier mientras camina hacia **los vestidores**[13].

Linda, la madre de Xavier, habla con el técnico.

—Lo siento, Xavier está furioso. Él necesita terapia —dice Linda.

—No es una mala idea. Pero, ¿hay algo diferente en la casa? En la información que tenemos, dice que usted y su esposo están divorciados. ¿Es reciente? A veces los estudiantes toman mucho tiempo en aceptar la situación.

—Bueno, es que su padre y yo estamos divorciados hace dos años. Y sí, es parte del problema. Intentamos ayudar a nuestros hijos, estar presentes en sus partidos y tomar vacaciones en familia, pero es difícil adaptarnos. Su padre viaja mucho por el trabajo y a veces está ausente.

—Ah, comprendo. Xavier quería ver a su padre, entonces —dice el técnico.

---

[13] los vestidores= locker rooms

—Sí, pero vamos a verlo la próxima semana en Hawaii. Decidimos tomar las vacaciones en familia hasta que Jason, mi hijo menor, tenga diez años.

—Comprendo. Pues voy a hablar con Xavier y con el capitán. No me gusta su ejemplo de hoy.

—Gracias —dice Linda.

En ese momento llega Jason, el hermano menor de Xavier.

—Mamá, ¿dónde está Xavier? —pregunta el hermano.

—Ya viene, mi amor. Ya viene.

Después de cambiarse, Xavier sale del gimnasio de la escuela. Su madre y su hermano lo están esperando.

—¡Xavier, eres el mejor jugador del mundo! —le dice su hermano mientras le da un abrazo.

—Gracias, Jason.

Los tres salen de la escuela y en ese momento Xavier escucha la voz de Samantha. Mira hacia esa dirección y observa que ella está hablando con Omar, su enemigo.

Capítulo dos
El enemigo

Omar y Samantha caminan hacia Xavier. Samantha habla y **se ríe**[14] un poco también.

—Jason, acompaña a mamá. Voy a hablar con Samantha —le dice Xavier a su hermano.

Antes de irse, su hermano mira a Samantha y a Omar.

—Adiós, chica bonita. ¡Adiós, chico malo! —les dice y sale corriendo.

—¡Tu hermano es tan adorable! —dice Samantha.

—¿Qué quieres, Omar? —pregunta Xavier con un tono serio.

—Xavier, lo siento. Mis comentarios fueron muy inapropiados —responde Omar.

—Sí, es verdad. Siempre atacas mi identidad. Hay chicos afroamericanos que juegan muy bien y hay otros, como yo, que tienen que practicar. No comprendo el problema. Michael Jordan tampoco fue un excelente jugador en la escuela, pero después sí.

---

[14] se ríe= she laughs

—Xavier…, acepta las disculpas —le dice Samantha.

—Bueno, está bien. Acepto las disculpas, y discúlpame por empujarte.

Los chicos se dan la mano y se dan un **medio abrazo**[15] (típico de los chicos afroamericanos). Omar se va. Samantha y Xavier caminan hacia la casa de Samantha.

—¿Crees que soy mal jugador? —pregunta Xavier.

—Eres un buen jugador, pero eres mejor jugador del béisbol —le dice Samantha.

—Gracias por decirlo, porque me siento horrible —le dice Xavier.

Normalmente Xavier no comparte sus emociones. Le han enseñado que los hombres no hablan sobre las emociones.

Samantha lleva el brazalete que le **dio**[16] Xavier. Xavier toca el brazalete.

—Me encanta y a mis amigas les encanta también —dice Samantha.

---

[15] medio abrazo= half hug

[16] dio= gave

Xavier casi **se pierde**[17] en sus grandes ojos cafés.

—Es perfecto para ti —dice Xavier.

—Me siento muy especial —responde Samantha.

—Es porque eres especial para mí.

Se abrazan y se besan.

—Eres el mejor novio del mundo.

—Y tú, la mejor novia.

Aunque su padre no ha estado presente en el partido y el equipo ha perdido, Xavier se siente contento. Está contento porque tiene a Samantha. Ella es una novia excepcional.

---

[17] se pierde= he loses himself

Capítulo tres
El viaje

Una semana después.

Xavier se despierta temprano. No le gusta levantarse temprano. Prefiere comerse una cucaracha que levantarse temprano en un sábado. Pero hoy es una excepción; la familia va a viajar a Hawaii. Xavier, por fin, va a pasar tiempo con su padre. La última semana su padre ha estado en California, trabajando con las compañías deportivas.

Él mira la imagen de Michael Jordan en su dormitorio. Michael Jordan es legendario. También, es el jugador favorito de su padre. Jordan fue la gloria de Chicago. En la imagen, Michael Jordan tiene un balón y corre rápido hacia la cesta, pero todos saben que Michael Jordan no corre, él vuela por el aire.

«Yo quiero jugar así como él», piensa Xavier.
En ese instante, su celular vibra. Mira el celular. Tiene una notificación de su novia, Samantha.

Xavier está muy contento porque quiere hablar con ella. Necesita hablar con ella antes de su viaje a Hawaii. Lee la notificación.

«Hola mi amor», escribe Samantha.

«¿Qué tal, por qué no me has respondido los otros mensajes? Sabes que hoy me voy para Hawaii y no nos vamos a ver», escribe Xavier.
«He estado muy ocupada», escribe Samantha.
«¿Ocupada con qué?», pregunta Xavier.
«Haciendo cosas…, mira, tenemos que hablar», escribe Samantha.

Cuando Xavier lee la frase «tenemos que hablar» se pone muy nervioso. Su padre le ha dicho que son las palabras que no quieres escuchar de una mujer. Es la frase que usó su madre antes del divorcio.

«¿Te puedo llamar?», pregunta Xavier.

«Estoy con mi madre…, es que…».

«¿Es que…, qué?», escribe Xavier preocupado.

«**Lo nuestro se acabó**[18]», dice Samantha al final.

—¿Qué? –exclama Xavier al leer la última notificación.

Xavier se pone los **lentes**[19] y lee la última notificación de nuevo.

---

[18] lo nuestro se acabó= it's over

[19] lentes= glasses

«Lo… nuestro… se… acabó», leyó lento para procesar bien el mensaje.

—¡Caramba! ¡Hay un error! El mensaje no es para mí —dice Xavier histérico.

Intenta llamarla pero ella no contesta el celular. Él escribe desesperadamente en su celular.

«¿Qué quiere decir que "lo nuestro se acabó?"».

«Necesito tiempo para pensar las cosas, no eres tú, mi amor, soy yo».

Xavier lee la última frase y se pone furioso. Le envía otro mensaje de texto.

«Si lo nuestro se acabó, quiero todos los **regalos**[20] que te di. Los zapatos Jordan que te acabo de dar para tu cumpleaños y el brazalete que dice "23"».

«Son regalos, mi amor», responde Samantha.

«Necesitas una lección de gramática. No "son" regalos…, "eran" regalos para mi

---

[20] regalos= gifts

novia, pero ya que no eres mi novia y quieres terminar la relación por mensaje de texto, pues, ¡quiero mis regalos! Además, ¡no te voy a comprar nada en Hawaii!», escribe Xavier.

«Pues, está bien. Ya que no somos novios, puedo ser honesta: ¡Eres el peor jugador de baloncesto! ¡Omar es mejor jugador que tú…, y me gusta…, es mi nuevo novio!».

Xavier leyó el último mensaje en *shock*. En cuestión de tres minutos, se acabó su relación. Le envía un mensaje a su padre, pero él no le contesta. Se siente muy deprimido.

Capítulo cuatro
Trance

Xavier está en un trance. Ya no tiene novia y ella le acaba de confesar que le gusta Omar. Y para complicar más la situación, ella dice que «Omar es mejor jugador de baloncesto». Aunque puede ser verdad que Omar es mejor jugador que Xavier, ¡él no quiere escuchar la verdad! Es una situación tensa. Está furioso, y aún no tiene mensajes de texto de su padre.

«Hablo con mi papá en el hotel», piensa Xavier para tranquilizarse.

Toda la ropa que tiene que llevar para el viaje está desorganizada en su dormitorio. Él sabe que su madre va a entrar a su dormitorio en dos minutos gritando porque él no está preparado para el viaje. Se siente horrible. Quiere llorar, pero recuerda que *los hombres no deben llorar*. Él mira la puerta de su dormitorio y empieza a contar… uno, dos, tres… De repente, entra su madre, Linda, gritando muy fuerte:

—¡Xavier! ¿Por qué todavía no estás listo? ¡Tenemos que ir al aeropuerto!

—Voy a prepararme ahora… Necesito hablar con mi papá… —confiesa Xavier.

—Puedes hablar conmigo en el taxi. Tenemos que ir al aeropuerto —dice Linda.

—No puedo hablar contigo. Son cosas de hombres —dice Xavier.

—Oh, comprendo. Pues tu padre regresó a California, no va a poder acompañarnos este año.

—¿Qué? ¡Él siempre va con nosotros! ¿Por qué él no ha mencionado nada?

—Es una larga historia, podemos hablar más tarde —dice Linda.

—¿Qué hiciste? Los escuché discutir por teléfono ayer —confiesa Xavier.

A Linda no le gusta para nada el tono de Xavier.

—Discutimos por varias razones…

En ese momento, Linda mira a su hijo. Ella puede ver que él está frustrado por la situación.

—Mira, en Hawaii, puedes comprar regalos muy bonitos para tu novia, Samantha. A las chicas les gustan los regalos —le dice intentando cambiar el tema.

Xavier se pone aún más furioso. Su madre no sabe que Samantha ya no es su novia.

—Las mujeres son **mentirosas**[21] —le dice furioso—. Tú eres una mentirosa.

Linda está en *shock;* no responde. En ese momento, ella recuerda las recomendaciones de sus amigas que también tienen hijos adolescentes. Sus amigas le dicen que «hay que tener mucha paciencia con Xavier porque es un adolescente». A veces es difícil, porque ella también tiene un límite. Linda respira, lo mira y le dice:

—¡Levántate! Tenemos que irnos. El taxi va a llegar en una hora.

—No quiero ir contigo. Va a ser muy aburrido sin mi padre —responde Xavier.

Su madre lo mira otra vez. Ella está triste por los comentarios de su hijo.

—Xavier, no… —Ella deja de hablar porque en ese momento su hijo menor entra al dormitorio de Xavier con su pequeña **maleta**[22].

—Ya estoy listo, mamá.

—¡Qué bien, mi amor! —le dice Linda mirando a Xavier—. Ahora, tú debes imitar a tu hermano. El taxi va a llegar aquí pronto.

---

[21] mentirosas= liars

[22] maleta= suitcase

Xavier se levanta y empieza a preparar la maleta. Está preparando la maleta con un ritmo muy lento.

—Xavier, más rápido, por favor. Todos tenemos días malos…, **supéralo**[23] y vámonos —le dice su madre al salir del dormitorio.

Al cabo de una hora, llega el taxi. La familia sale con destino al aeropuerto Midway de Chicago. Xavier está con su celular, está escribiendo mensajes de texto a su padre. Su padre no responde. Xavier está furioso porque su padre no le contesta las llamadas ni los mensajes. Su madre lo mira, sabe que él está frustrado por la situación, y ella quiere hablar con él. Quiere decirle la verdad…, pero es una verdad complicada.

—Xavier, deja de escribirle a tu padre. Tu padre….

Ella deja de hablar. Sabe que ahora no es el momento de decirle la verdad a Xavier.

—¿Mi padre, qué? —pregunta Xavier.

—Ya llegamos —dice el taxista interrumpiendo la conversación.

---

[23] supéralo = get over it

Capítulo cinco
El aeropuerto

Al salir del taxi, Linda mira a Xavier y le dice:

—Aunque nos divorciamos hace dos años, las cosas son muy complicadas. Tienes que comprenderlo.

Pero Xavier no reacciona. Él continúa caminando, ignorando a su madre. Ellos entran al aeropuerto, hablan con el agente de la aerolínea, después reciben los documentos importantes, entregan las maletas y caminan hacia el control de seguridad. Después caminan al puerto. Allí esperan dos horas para abordar el avión con rumbo a Hawaii.

Xavier escucha música y **descarga**[24] unas películas para verlas en el avión. Su madre está hablando seriamente con alguien por teléfono y su hermano está jugando con su tableta. Xavier aprecia el silencio para leer sus mensajes. Todavía no tiene ningún mensaje de su padre. Tampoco tiene otro mensaje de Samantha. «Este es el peor día de mi

---

[24] descarga= downloads

vida. Mi novia y mi padre me abandonan el mismo día», piensa Xavier.

Xavier vuelve a mirar a su madre. Ahora ella continúa con la conversación tensa. Él piensa que en los últimos meses sus padres discutían más. Su madre ha cambiado también. Ella no es tan simpática como antes. «¿Soy yo? ¿Es mi madre?», piensa Xavier.

Al cabo de dos horas, abordan el avión. Linda intenta hablar con Xavier una vez más, pero es obvio que él no quiere hablar con ella.

—Xavier, aquí está la información del viaje —le dice mientras le da unos papeles—. Hay muchas actividades que podemos hacer en familia en Hawaii. Puedes seleccionar dos actividades y tu hermanito también va a seleccionar dos. De esta manera todos podemos hacer en familia lo que queremos… ¿Qué te parece? —le pregunta, intentando provocar una sonrisa.

Xavier la mira y le responde:

—¿En familia?

Los otros **pasajeros**[25] miran a la familia de Xavier porque él está gritando.

---

[25] pasajeros= passengers

—Ya no somos una familia. Eres tú la razón por la que mi padre no está aquí. Los escuché discutiendo ayer. ¡Te odio! —le dice en un tono muy fuerte.

Después de esa explosión de Xavier, Linda está en *shock*. Ella no puede moverse. Un pasajero ha escuchado a Xavier, y no le gusta para nada el tono. Él mira a Xavier y le dice:

—**Caballero**[26], no debes hablarle así a tu madre. No es correcto.

—¿Quién es usted? Usted no es mi padre. Además, estoy hablando con MI MADRE. Nuestra conversación no le importa a usted —le grita Xavier.

—¡Xavier! No me gusta tu actitud —le dice Linda.

—A mí tampoco —dice su hermanito.

En ese momento, **la azafata**[27] se acerca. Ella observa que hay una situación muy tensa. Ella piensa en sus clases profesionales de cómo ayudar en situaciones tensas.

—¿Todo está bien? —pregunta la azafata.

—Te odio —grita Xavier de nuevo a su madre—. ¡Todas las mujeres son mentirosas!

---

[26] caballero= gentleman

[27] la azafata= airline stewardess

La azafata quiere resolver el problema rápidamente porque las personas **metiches**[28] que hay en el avión están mirando.

—¡Qué hijo tan mal educado! —dice una anciana.

—¡Pobre madre! —dice su amiga.

Hay un chico que está intentando grabar la escena con su celular.

—Guarde el celular por favor. Usted no tiene permiso para grabar a esta familia —le dice la azafata al chico.

—Dame ese teléfono —le dice la madre al chico—. ¡No todo es para grabar!

---

[28] metiches= nosy

La azafata mira hacia atrás y ve que hay un **asiento libre**[29].

—Tengo una idea… ¿Cómo te llamas? —le pregunta la azafata a Xavier.

—Me llamo Xavier —contesta en voz baja.

—¿Quieres sentarte en el asiento de atrás? El asiento 28 E está libre —le dice mientras mira a Linda.

Xavier mira hacia atrás y ve que puede sentarse solo; él quiere estar solo. Él necesita estar solo.

—Sí, está bien —le dice mientras se levanta y camina hacia el asiento libre.

Mientras camina hacia el asiento, una mujer anciana lo mira intensamente. Xavier intenta no mirarla, pero no puede ignorarla, porque ella está al otro lado del pasillo. Xavier se sienta y nota que la mujer continúa mirándolo. Esto lo irrita aún más.

—¿Qué mira usted? —pregunta Xavier.

—No debes hablarle así a tu madre. No está bien —dice la mujer.

—Con todo el respeto del mundo, usted no me conoce y no es su problema.

---

[29] asiento libre= available seat

—La vida te va a enseñar una buena lección. Vas a aprender a apreciar la vida y a tu madre. Tendrás unas vacaciones muy interesantes —dice la mujer anciana con una sonrisa siniestra.

Xavier la ignora. Inspecciona su nueva área y ve que hay una bolsa en el asiento de al lado, el 28 F, pero la persona no está allí.

«¡Perfecto, me toca sentarme al lado de otra persona irritante!», piensa Xavier.

—¿Estás bien aquí? —le pregunta la azafata a Xavier.

—Sí, estoy bien —dice él.

La azafata regresa para hablar con Linda.

—Lo siento…, mi hijo está pasando por un momento muy difícil en su vida —dice Linda.

—Yo lo comprendo totalmente. Tengo un hijo adolescente de 17 años. Ser **madre soltera**[30] con dos hijos no es nada fácil —le dice la azafata mientras acomoda las maletas en los compartimientos de arriba y luego continúa ayudando a los otros pasajeros.

Linda piensa en lo que acaba de decir la azafata: «una madre soltera». Es la primera vez que

---

[30] madre soltera= single mom

ella escucha el término en su caso. Le hace pensar en su divorcio y en el futuro con sus hijos.

Linda está pensando en la horrible situación con Xavier cuando, de repente, siente la mano de su hijo menor.

—Yo te quiero, mamita. Eres la mejor madre del mundo —dice Jason.

Ella lo abraza y después llora en silencio.

Capítulo seis
La pasajera del 28 F

—Oye… —dice Julissa intentando captar la atención de Xavier.

—Hola —dice Xavier mientras **se quita**[31] los audífonos.

—Ese es mi asiento —le dice Julissa indicando el asiento 28 F.

Xavier se levanta.

—Puedes pasar —dice Xavier.

Julissa se acomoda en el asiento.

—Perdón, fui al baño… y no sabía que alguien tenía el asiento 28 E. Pensé que iba a sentarme aquí sola —dice con una sonrisa grande.

—**Yo estuve**[32] sentado delante, pero… Pues, es una larga historia —le dice mientras se pone los audífonos para continuar viendo la película en el celular.

---

[31] se quita= takes off

[32] yo estuve= I was

Julissa mira el celular de Xavier. Ella observa que Xavier está viendo la película *Creed*.

—¡Es una película muy buena! Michael B Jordan es uno de mis actores favoritos. ¡Es muy talentoso! —dice Julissa.

Xavier se quita los audífonos porque parece que «la chica» quiere hablar.

—¿La has visto? —le pregunta.

—Sí, dos veces. Esa película tiene un mensaje muy bonito, «todo es posible en la vida». Y si queremos algo en la vida, **hay que luchar por ello**[33].

---

[33] hay que luchar por ello= you have to fight for it

—Es verdad. Me gusta el actor. Es muy inteligente y siempre hace un buen trabajo —responde él.

Xavier piensa que Julissa es una chica muy «optimista» y tal vez ella es una mentirosa como Samantha. Pero no puede hacer nada. ¡¡¡Va a estar con ella por once horas en el avión!!! Decide cambiar su actitud y hablar con la chica «optimista».

—Me llamo Xavier —le dice mientras le da la mano.

—Me llamo Julissa —le dice al darle la mano a él.

Ella acomoda en el piso una mochila especial que tiene en la mano.

—Es un nombre muy bonito —le dice Xavier.

—Es un nombre muy común en Puerto Rico. Mi familia es originaria de Puerto Rico.

—¿Eres de Puerto Rico? Pero te pareces a una prima mía.

—Ja, ja. Muchas personas se sorprenden cuando yo hablo español. Muchas personas piensan que todos los latinos tienen cierto *look*, pero no es verdad. En Puerto Rico, Colombia, Cuba, Brasil y otros países latinoamericanos hay muchas personas diferentes. Hay personas que parecen ser europeas, indígenas o africanas. También hay personas que son una combinación de los tres grupos.

—¿Vives en Puerto Rico?

—No, yo vivo en Humboldt Park. Es un barrio puertorriqueño en el norte de Chicago. Pero he visitado mucho mi **querida isla**[34]. Fuimos justo antes del huracán María.

—Escuché sobre ese huracán en las noticias. Fue terrible.

—Sí, fue terrible, y la isla todavía está recuperándose. No hemos regresado porque le damos dinero a nuestra familia para reconstruir casas después del huracán. Yo tengo planes de asistir a la universidad en Puerto Rico después del colegio.

---

[34] querida isla= my beloved island

¿Y tú dónde vives? —pregunta Julissa.

—Vivo en Hyde Park.

—**¡Yo conozco esa área!** Está en el sur, cerca de Washington Park. Hicimos una excursión escolar allí para mi clase de literatura afroamericana…, al Museo Dusable.

—¡Genial! ¡Es el museo de historia afroamericana! Hacía excursiones allá siempre de niño —dice Xavier, que ya siente una conexión con ella.

Hablar con ella lo tranquiliza un poco. Ella parece ser una chica muy interesante y amable.

—¿Cuántos años tienes? —le pregunta Xavier.

—**Adivina**[35].

—¿Tienes 15? —dice Xavier intentando adivinarlo.

—¿Me veo tan joven? —responde Julissa.

—¿16?

—Sí —dice Julissa.

La azafata se acerca a Xavier y a Julissa.

—¿Quieren algo de tomar?

---

[35] adivina= take a guess

—Una Coca Cola para mí —dicen Julissa y Xavier al mismo tiempo. La azafata sonríe porque observa que Xavier está un poco más tranquilo.

En ese momento, Julissa mira a Xavier.

—¿Y tú? ¿Cuántos años tienes?

—Adivina —le dice participando en su juego.

—¿16? —dice Julissa.

—Eres muy inteligente —responde Xavier.

Es la primera vez que él sonríe en todo el día. Julissa le hace olvidar a Samantha. Le hace olvidarse de sus problemas.

Los dos hablan un poco más durante el **vuelo**[36]. Ellos empiezan una competencia de quién puede tomar más Coca-Cola. Julissa gana a Xavier.

Xavier ahora está más tranquilo, pero no le habla sobre sus problemas familiares a ella. Ella tampoco le dice a Xavier el verdadero motivo de su viaje. Hablan sobre música, películas y videojuegos.

---

[36] vuelo= flight

Capítulo siete
Hawaii

El avión llega a Honolulu. Es la capital de Hawaii. Todos los pasajeros sacan sus maletas. Julissa ha tomado mucha Coca-Cola y necesita ir al baño.

El pasajero que habló con Xavier, ahora habla con Linda.

—¿Todo está bien con su hijo? —pregunta el pasajero.

—Sí, gracias, todo está bien. Perdónelo por sus comentarios inapropiados. Normalmente es un chico muy educado.

—De nada. Soy policía y trabajo en una escuela, así que estoy acostumbrado a los adolescentes rebeldes y sus actitudes.

Los dos se ríen.

—Me llamo Roberto, pero todos me llaman Rodríguez.

—Mucho gusto, me llamo Linda.

—Linda es un nombre perfecto para usted, porque usted es muy **linda**[37].

---

[37] linda= beautiful

—Gracias —dice Linda con una sonrisa.

El comentario le hace sentir un poco nerviosa. No está acostumbrada a comentarios bonitos así.

Ella intenta tomar su maleta, pero Rodríguez la ayuda.

—Gracias, usted es muy amable —le dice ella.

Después Linda busca a su hijo. Todos quieren salir del avión rápido. Xavier espera a Julissa, pero ella todavía está en el baño. Xavier tiene que ir adelante para buscar su maleta y para estar con su familia. Pero hay muchas personas y él no ve a Julissa.

Cuando salen del avión, los trabajadores del aeropuerto les dicen «aloha». «Aloha» significa 'hola' en el idioma hawaiano. Les dan el típico collar de flores a todos. Cuando se lo dan a Linda, ella dice «mahalo». Todos dicen «mahalo».

—¿Qué significa «mahalo»? —pregunta Jason.

—¿Qué piensas tú? La mujer me dio un collar y yo le dije «mahalo».

— Significa 'gracias' —responde Jason.

—Eres muy inteligente, mi amor... —dice Linda.

—Entonces, no hablan inglés —pregunta Jason.

Linda se ríe.

— Ellos hablan inglés. Pocas personas hablan el hawaiano, pero hay muchas palabras de ese idioma que los nativos usan cuando hablan inglés. Por ejemplo, «aloha» y «mahalo». Es una manera de conservar la cultura.

—¡**Qué chévere**![38] Yo voy a aprender más palabras hawaianas.

—¡Es un buen plan!

Ella observa a Xavier y le dice:

—¿Cómo estás?

—Estoy bien —dice nervioso mientras busca a Julissa.

—¿Qué buscas? Ya vamos a recoger las maletas. Los taxis están afuera.

Ellos recogen las maletas y después van al sitio de los taxis. Hace calor y hay muchos turistas. Pero Xavier no ve a Julissa.

El taxi llega. Ellos entran en el taxi y salen del área del aeropuerto. Hay un taxi al lado. Xavier mira y ve a Julissa. Ella lo ve a él también. Xavier levanta el celular para indicarle «¿cuál es tu número?» y ella

---

[38] qué chévere= how cool

le dice los números. Xavier mira cómo mueve su boca para anotar el número telefónico: siete, siete, tres, cinco, cinco, seis, tres... De repente, el taxi se va muy rápido.

—¡Nooo! —grita Xavier.

—¿Qué pasa? ¿Necesitas regresar al aeropuerto? —le pregunta la madre.

—Perdón, acabo de recordar algo importante —dice Xavier.

Xavier no vuelve a ver a Julissa. En ese momento, habla su hermano.

—Mira el **pájaro**[39] —grita Jason con mucha emoción mientras admira la naturaleza impresionante de Hawaii.

—Jason, hay muchos pajaritos interesantes aquí. Hawaii tiene una gran variedad de animales —dice la madre.

En ese instante, Xavier ve que el taxi de Julissa está un poco más adelante. Quiere ver a Julissa, necesita su número de teléfono.

Ella lo ve y quiere darle su información pero tiene que ser discreta. Su padre es un hombre muy estricto y ella no puede tener «amigos» sin el permiso de su padre. Su padre es un hombre muy

---

[39] pájaro= bird

tradicional y por ser policía en una ciudad grande, es un poco paranoico. El taxi de Xavier se acerca. Ella lo ve y se pone feliz.

Los taxis casi están el uno al lado del otro. Xavier puede ver las **trenzas**[40] de Julissa. Xavier mira directamente a Julissa. De repente, su madre dice:

—Perdón, el hotel está más allá. Usted tiene que **doblar a la derecha**[41] —dice mientras mira el celular.

Hay muchos carros, pero el taxi va muy rápido y dobla a la derecha. Todos en el carro van de un lado a otro.

—¡Ahhh! —gritan todos.

—Lo siento —dice el taxista.

—Está bien. Fue mi error. Ya tengo la información correcta —dice la madre.

Xavier observa que el taxi de Julissa va en otra dirección.

—¿Cómo te parece Hawaii? —le pregunta Linda a Xavier.

—Genial —dice Xavier irónicamente.

---

[40] trenzas= braids

[41] doblar a la derecha= make a right turn

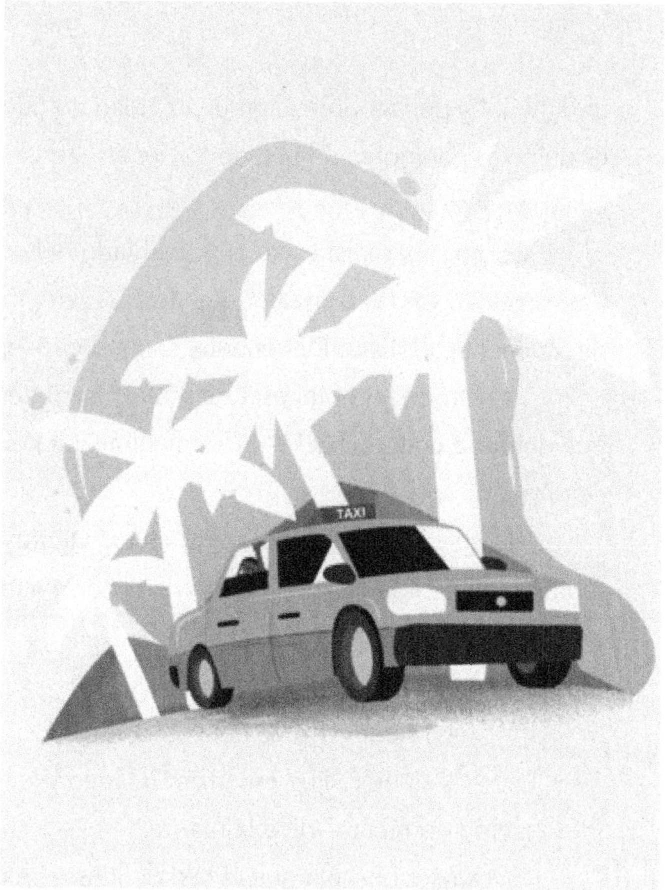

TAXI

Capítulo ocho
Las vacaciones

Durante los siguientes días Xavier y su familia hacen excursiones por la isla. Toman un *tour* en un autobús para conocer Hawaii. Aunque Xavier ha tenido unos días difíciles, se siente muy tranquilo en Hawaii. Los árboles, las flores y el respeto que tienen las personas por los animales es muy positivo. Van a hacer un itinerario espectacular. Primero van a visitar un templo japonés, después la estructura militar y, al final, la playa.

Llegan al templo japonés, que es totalmente espectacular. Es grande, rojo y dorado. Alrededor del templo hay estatuas, jardines y pequeños **estanques**[42] con peces. Mientras Xavier está admirando el templo, ve a una chica con trenzas que entra por el otro extremo.

—¡Julissa! —grita él, pero ella no lo escucha.

Él corre hacia Julissa, pero uno de los guardias le dice:

---

[42] estanques= ponds

—Quítate los zapatos y camina con calma. Este es un lugar cultural muy importante.

—Lo siento —dice Xavier en voz baja.

Él se quita los zapatos y camina silenciosamente. No puede gritar el nombre de Julissa. La busca por todas las areas, pero ella no está. De repente, ve que Julissa está en otra parte del templo. Se pone contento.

«Este templo debe dar muy **buena suerte**[43]» piensa Xavier mientras camina rápido hacia ella.

Cuando está cerca, tiene una idea fabulosa. «**Voy a sorprender a Julissa**», piensa. Él sabe que ella quiere verlo también. Ella **parecía**[44] frustrada cuando ellos no podían intercambiar información en los taxis. Cuando está cerca de ella, le cubre los ojos con las manos.

—¿Adivina quién es? —dice Xavier.

—¿Quién es? —pregunta la chica **asustada**[45].

—¡Soy yo! Xavier.

---

[43] buena suerte= good luck

[44] parecía= seemed

[45] asustada= scared

En ese momento, Xavier siente **un jalón**[46] fuerte de alguien detrás.

—Quita tus manos de mi hija. ¿Quién eres tú? ¿Dónde están tus padres? —pregunta un hombre alto y grande.

—Perdón, hay una gran confusión aquí. Yo soy amigo de su hija. Hablamos en el avión—dice Xavier.

—¿Avión? ¿De qué hablas? Nosotros no hemos viajado — confirma el padre.

En ese instante, la chica **se da la vuelta**[47]. Xavier mira muy bien a la chica, y ¡NO ES JULISSA! Es otra chica morena con **trenzas**[48].

—Lo siento…, perdón —dice Xavier y sale corriendo del templo.

Después de unos minutos, su madre viene a buscarlo.

—Xavier, el autobús va a salir. Tenemos que ir a Pearl Harbor ahora mismo. Tú quieres ver la **batalla naval**[49], ¿verdad?

—Sí —responde mientras se pone los zapatos

---

[46] un jalón= a pull

[47] se da la vuelta= she turns around

[48] trenzas= braids

[49] la batalla naval= Battleship

—Vámonos, mamá — dice Xavier

Xavier se siente mal. Él está obsesionado por ver a Julissa. Ha buscado el nombre de Julissa en Instagram y por ese nombre salen muchas personas y fotos, pero no son de Julissa. No sabe cómo contactarse con ella. Para él, ella se ha vuelto una persona misteriosa.

—¿Por qué no le pedí su información? ¡Soy tan estúpido! Por eso no tengo novia, porque no sé cómo hablar con las chicas.

Xavier permanece en silencio en el autobús mientras llegan a Pearl Harbor.

Ellos llegan a Pearl Harbor, al USS Missouri Memorial. Están enfrente del **barco**[50] admirándolo. Xavier se siente como una **hormiga**[51], porque la estructura militar es grande.

—Es gigante —dice Jason.

—Es inmensa —dice Xavier.

—Es historia —dice la madre.

Ellos caminan un poco y escuchan a los expertos. Los expertos les hablan sobre el ataque sorpresa de los japoneses durante la **Segunda Guerra**

---

[50] barco= ship

[51] hormiga= ant

Mundial[52]. Xavier sabe un poco de esa historia, pero estar allí en persona es impresionante. Toma muchas fotos y se las envía a sus amigos en Chicago. Pero, sus amigos no comentan sobre las fotos históricas. Sus amigos le preguntan si hay chicas bonitas en Hawaii. Por primera vez en su vida, Xavier ignora los mensajes de texto de sus amigos, y les dice: «¡Aprendan historia!».

Durante la visita, aprenden sobre la **valentía**[53] de los soldados norteamericanos y la inmensa estructura militar en la isla. Pero, en ese momento, Xavier se pone triste. Empieza a pensar en su padre y cómo prefiere pasar este momento con él. Aunque el viaje es muy interesante, es diferente sin la presencia de su padre. Xavier sabe que hay un problema grande entre sus padres. Y él quiere saber cuál es el problema.

El experto les da tiempo para explorar la inmensa estructura militar individualmente. Van a diferentes partes y van leyendo información sobre el ataque, los soldados o las personas importantes de la Segunda Guerra Mundial.

---

[52] Segunda Guerra Mundial= World War II

[53] valentía= courage

También lee información sobre un piloto japonés que mencionó el experto. Ese kamikaze (piloto) que hizo una misión muy **peligrosa**[54] para ayudar a Japón. Su historia es intrigante y triste al mismo tiempo. De repente, él escucha la voz de su madre. Ella está hablando con alguien. Xavier mira hacia la dirección de su madre y la observa hablando con el mismo hombre metiche del avión. «¿Por qué ese perdedor está hablando con mi madre?», piensa Xavier.

Xavier se acerca secretamente a ellos. Su madre está hablando mucho. Xavier quiere saber por qué su madre habla con ese hombre.

—Linda, está bien. Yo te comprendo completamente; soy padre también. Fue difícil decirle la verdad a mi hija. Pero tenemos que decirles la verdad a los hijos. Si no, vamos a tener más problemas en el futuro y ellos no van a confiar en nosotros.

—Gracias por escuchar. Tienes razón. Tengo que decirle la verdad, especialmente a Xavier. Pero no sé cómo.

---

[54] peligrosa= dangerous

«Tengo que decirle la verdad, especialmente a Xavier», piensa Xavier al escuchar la conversación.

Xavier se va de allí como un zombi.

«Mi madre no me dice la verdad», piensa.

En ese momento, saca su celular para enviarle un mensaje de texto a Samantha, su novia y mejor amiga, cuando recuerda que, ¡ella ya no es su novia! Se sienta en un banco mirando el océano donde fue la batalla de Pearl Harbor hace 80 años. Mira hacia las profundidades intentando ver **el barco hundido**[55] que mencionó el experto en historia. Él se siente como el barco hundido en las aguas profundas de la vida.

—Xavier, aquí estás. ¿Estás bien? —pregunta su madre.

—¡Mira lo que compré! Es un barquito —dice su hermano, Jason.

—¡Qué bien! —dice Xavier en tono triste.

—¿Qué te pasa? —pregunta su madre.

—¡Tú! es lo que me pasa. Quiero regresar al hotel. Muchas mentiras por hoy…

—¿Mentiras? ¿De qué hablas? —pregunta la madre.

---

[55] barco hundido= sunken ship

—Nada, quiero regresar al hotel —dice Xavier.

—Pues, el autobús ya viene por nosotros.

Capítulo nueve
El desayuno

Al día siguiente, la familia de Xavier va a Goofi's para desayunar. Es un restaurante con desayunos al estilo hawaiano. Xavier no dice nada. Cuando entran al restaurante la madre observa que Jason tiene algo en la mano.

—¿Qué tienes? —pregunta la madre.

—Nada —dice Jason.

—Tienes algo, lo veo —responde Linda en voz firme.

—Es un **dulce**[56] —confiesa Jason.

—¿Por qué **no me dijiste**[57] eso cuando te lo pregunté? —le dice la madre.

—No lo sé —responde Jason, triste.

—No me gustan las mentiras. Debes decir la verdad. Siempre debemos ser honestos —dice la madre.

---

[56] dulce= candy

[57] no me dijiste= you didn't tell me

En ese preciso instante, Xavier explota emocionalmente. Se levanta y grita:

— Oh, ¿No te gustan las mentiras? —dice francamente a su madre.

—¡Xavier! Tampoco me gusta tu actitud —dice la madre exhausta.

—Ya no soy un niño. ¡Quiero saber la verdad! ¿Qué pasó entre mi papá y tú? ¿Por qué no está aquí con nosotros?

Linda no quiere decirle toda la verdad a su hijo. Es una verdad muy complicada. Ella en los últimos meses ha ido aceptando la realidad de que su exesposo y ella nunca van a volver a ser una familia y que él…

—Mamá, yo pensé que tú y papá iban a terapia y que iban a estar juntos. ¿Qué pasó?

—Hijo, necesito tiempo para pensar mejor la situación.

—¿Qué situación?… ¿Qué has hecho? Ahora, él no me habla. ¡Es todo por tu culpa!

—No grites. Hay personas mirando —le dice Linda en voz baja.

—¡No me importan las personas! —grita Xavier

—Xavier, no hables así a mamá —le ordena Jason.

—Xavier, ¿podemos hablar civilizadamente? —pregunta Linda.

—No puedo hablar contigo. Solo dices mentiras. No me gustan estas vacaciones. No me gusta estar contigo. Me voy —dice y sale corriendo muy rápido.

—¡Xavier! —le grita su madre.

Todas las personas en el restaurante miran hacia la familia. Linda se siente triste.

Xavier sale corriendo del restaurante. Corre muy rápido. Llega a la playa.

Por un momento, se sienta en la playa, mira el océano y llora un poco. Está muy triste por la situación de sus padres. Xavier piensa que nunca va a hablar con su padre por culpa de su madre.

—La odio, la odio, la odio —repite Xavier.

Se sienta en silencio por una hora mirando el océano.

—¿Xavier? —le dice una voz de mujer.

Xavier **se seca las lágrimas**[58] rápidamente y se da la vuelta para ver quién es.

—¿Estás bien? —le pregunta la chica.

—¡Julissa! ¡Qué gusto verte! Sí, estoy bien. Perdona…, tengo algo en el ojo —**miente**[59] Xavier.

—¿Me puedo sentar? —pregunta ella.

—Sí, claro. Hay mucho más espacio aquí en la playa que en el avión —le dice, y los dos se ríen—. ¿Estás quedándote por aquí cerca?

—Tenemos familia por aquí. Mi padre y yo estamos quedándonos con mi tía —responde Julissa.

—¿Estás con tu familia? No te pregunté en el avión.

—Estoy con mi padre.

—Tus padres también están divorciados, me imagino…, como los míos.

—Es más complicado que eso —dice ella.

---

[58] se seca= he dries his tears

[59] miente= lies

—Mis padres están divorciados. Mi padre ya no me habla. Sé que es la culpa de mi madre. Ella dice mentiras. Todas las mujeres mienten. ¡La odio tanto! No quiero estar aquí con ella —dice Xavier llorando.

—Eso debe ser difícil —le dice Julissa con un tono triste.

—Lo siento, no quiero llorar. Los hombres no deben llorar —dice Xavier.

—Xavier, debes llorar. La verdad es que llorar nos ayuda a **liberar**[60] esas emociones tristes que tenemos. Los hombres deben llorar, todos deben llorar. Mi madre me decía eso.

Su tono sereno tranquiliza a Xavier.

Ella se toca el collar que tiene en el cuello cuando menciona su madre.

—¿Has odiado tanto alguna vez a uno de tus padres? —pregunta Xavier.

—Claro, creo que todos hemos pasado por momentos así. Yo odié mucho a mi madre por muchos años. Ella siempre se dedicaba a sus pasiones en la vida y yo pensaba que ella no me quería mucho. Pero ahora la quiero mucho. No te imaginas cuánto quiero a mi madre.

---

[60] liberar= to free

—¡**Vaya testimonio**![61] No siento eso por mi madre—dice Xavier mirando el océano—. ¿Cuándo se divorciaron tus padres?

—Mis padres nunca se divorciaron. Mi padre jamás se divorciaría de mi madre. Era el amor de su vida —dice Julissa riéndose al pensar en su madre.

—Pero estás aquí con tu padre y tu tía solamente..., o no escuché bien.

—Estoy aquí con mi padre porque mi madre **murió**[62] hace unos años. Justo este año tuvimos suficiente dinero para viajar aquí a **dejar sus cenizas**[63] en el océano.

—Tenías las cenizas de tu madre en la mochila, ¿verdad? —pregunta Xavier recordando la mochila del avión.

—Sí, por eso tenía mucho cuidado con la mochila en el avión. Ella era surfista de niña y se crió aquí en la base militar. Hace dos días tuvimos una pequeña ceremonia —dice Julissa mirando al vasto océano.

Hay un silencio. Xavier no esperaba esa historia de Julissa.

---

[61] vaya testimonio= what a testimony

[62] murió =died

[63] dejar sus cenizas= spread her ashes

Capítulo diez
Mamá mía

Julissa continúa hablando.

—Xavier, a veces nuestros padres toman decisiones y tenemos que respetarlas aun cuando no las comprendemos. Deberías apreciar a tu madre, porque algún día no la vas a tener —dice ella levantando el collar, que contiene parte de las cenizas de su madre.

Xavier está sorprendido y piensa en lo que dice Julissa. Piensa en su actitud y se siente avergonzado. Su madre es excelente y él piensa que debe apreciarla y no atacarla verbalmente. «Omar me ataca verbalmente y no me gusta para nada. Tengo que apreciar a mi madre y no atacarla», piensa Xavier.

En ese momento, Julissa se levanta.

—¿A dónde vas? —le pregunta Xavier.

—A bañarme en el océano que tanto le gustaba a mi madre… ¿Quieres? —le invita ella.

Los dos entran al océano. Nadan un poco hasta que ven un flotador abandonado.

—¿Es tuyo el flotador? —pregunta Xavier.

—¿Que si es mío? ¡Pero si **yo estaba**[64] allí hablando contigo!

Xavier mira a su alrededor. Las personas están nadando o hablando en la playa.

—¿Lo usamos? —le pregunta Xavier.

Ella también mira alrededor.

—¡**Dale**[65]! —dice ella sonriendo.

Ella piensa que es un chico al que le gusta la aventura.

Ella **se monta**[66] en el flotador. Mira hacia el cielo.

---

[64] yo estaba= I was

[65] dale= go for it!

[66] se monta= she climbs into

—Me puedo quedar aquí todo el día escuchando la música de la fiesta en la playa —dice Julissa.

—Yo también..., gracias por hablarme de tu madre. La verdad es que tu historia me hace pensar mucho. He sido cruel con mi madre y no es aceptable.

—Lo bueno es que el amor de una madre nunca acaba... Con las madres abundan las segundas oportunidades —le dice Julissa mirándolo a los ojos.

—¡Julissa! —la llama alguien desde la playa. Los dos miran hacia allí y ven a un hombre alto. Xavier no le puede ver la cara bien, pero es un hombre grande.

—¡Es mi padre! Tengo que irme. Tenemos que ir a una reunión familiar —dice ella.

—Entonces, te veo más tarde..., podemos caminar por la playa un poco... —dice Xavier.

—¿Caminar por la playa? —pregunta Julissa

—¿Parece una **cita**[67]? ¿Te estás poniendo romántico con una chica que no conoces?

—No..., no es eso... Es que me gusta hablar contigo. Hablar contigo me tranquiliza mucho.

---

[67] cita= date

—¡Julissa! Ven, hija —grita el padre de nuevo.

—¿Nos vemos en el **muelle**[68] a las seis? —pregunta Xavier.

—Sí, a las seis…, ¡hasta entonces! Y no te vayas lejos en el flotador.

Julissa se va con su padre y Xavier se monta en el flotador. Empieza a pensar seriamente en la situación de sus padres. Cierra los ojos y duerme un poco, pensando en lo que le va a decir a su madre.

Se despierta después de lo que **parecieron**[69] ser unos minutos. Sus ojos se abren poco a poco. Ve que el sol está muy fuerte, pero tiene un poco de frío. Mira el océano y está asustado. Xavier está lejos de la playa.

Se había dormido y las olas lo habían empujado lejos. Xavier no puede ver muy bien la playa a la distancia. Él es un buen nadador y sabe que puede nadar desde el flotador hasta la playa. Se prepara para entrar al agua, cuando ve la silueta de

---

[68] muelle= dock

[69] parecieron= seemed

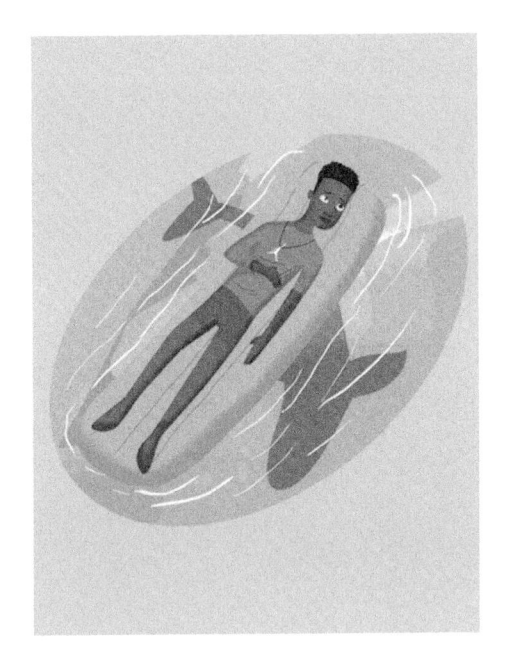

un pez muy grande. De pronto, ve la **aleta**[70] aterradora de un tiburón[71].

Grita:

—¡Socorro[72]! ¡Mamá! ¡Ayúdame!

Xavier mira el pequeño flotador, mira el vasto océano y ve al gran tiburón alrededor del flotador. En ese momento comprende que va a ser **el almuerzo**[73] para tiburón.

---

[70] aleta= fin

[71] tiburón = shark

[72] socorro= help! S.O.S.

[73] almuerzo= lunch

Capítulo once
El tiburón

El tiburón está nadando alrededor del flotador. Xavier ha visto el programa *Shark Week* y sabe que los tiburones son curiosos y no asesinos. Pero no le importa porque también ha visto las películas *Jaws* y *The Shallows* y sabe que los tiburones pueden cambiar su actitud en cualquier momento.

Xavier tiene que pensar rápido. No puede nadar hasta la costa porque no sabe cuántos tiburones hay.

Pero, al mismo tiempo, las olas lo van llevando hacia el horizonte. El flotador se puede desinflar en cualquier momento.

De repente, tiene una idea excelente. Xavier recuerda que durante una de las excursiones el guía les dijo que las cosas brillantes atraen a los tiburones. Xavier toma su collar y piensa en **lanzarlo**[74] muy lejos para apartar el tiburón. «Eso me dará tiempo de nadar», piensa Xavier.

Aunque Xavier no es un buen jugador de baloncesto, es un excelente jugador de béisbol y puede lanzar el collar muy lejos. Él lanza el collar y ve que el tiburón nada hacía el collar. En ese momento, se pone **boca abajo**[75] sobre el flotador y nada hacia el muelle. Él nada muy rápido y ahora puede ver que hay personas en la costa. Está nervioso. No quiere agitar mucho el agua porque los tiburones pueden pensar que él es otro animal marino; y les gustan los animales marinos.

—¡Socorro! —grita Xavier.

Pero nadie lo escucha porque hay una fiesta en la playa y la música está muy fuerte. De repente, el tiburón regresa. Y hay algo aún más sorprendente: ahora hay dos tiburones.

Xavier reflexiona sobre su vida. No puede creerlo. Él va a morir. Piensa en la manera en que ha

---

[74] lanzarlo= throw it

[75] boca abajo= faced down

hablado con su madre. Lo peor de todo es que él va a morir sin decirle «te quiero, mamá» o «mamá, estaba enojado porque papá se fue de la casa; sé que no es por tu culpa». Se siente triste porque no va a tener esa oportunidad.

De repente, viene otro flotador hacia él. El flotador está vacío. Xavier tiene otra idea. Puede lanzar los dos flotadores para distraer a los tiburones. Pero él tendrá que nadar hacia el segundo flotador, el cual está más lejos del muelle.

Es un plan muy arriesgado, pero Xavier no tiene otra opción. Él nada hacia el segundo flotador. Lo toma rápidamente.

—¡Ojalá que funcione!

Ahora Xavier tiene los dos flotadores. Los tiburones se están acercando más. Tienen mucha curiosidad. En ese momento, Xavier siente un **roce**[76] en los pies. Saca los pies rápidamente del agua. Está aterrado. Casi no puede moverse.

—Sí se puede. ¡Ahora es el momento! —se dice a sí mismo.

Xavier toma el segundo flotador y lo lanza muy lejos. Ve que los tiburones nadan hacia ese flotador. Él se lanza al agua. Toma el primer flotador

---

[76] roce= brush against

y lo lanza más lejos. Entonces nada muy rápido. No mira hacia atrás. Nada como si fuera Michael Phelps. Casi ha llegado al muelle cuando siente un roce en los pies. Xavier no tiene tiempo para mirar hacia atrás. Él piensa: «Si muero, es por intentar salvarme».

Mientras nada piensa en su familia, su abuela, su hermano, su padre, su madre y en Julissa, la chica que ha conocido en el avión. Por fin, llega al muelle, agarra una de las barras de metal, pero está exhausto y cae de nuevo al agua. Mientras está cayendo, mira el agua arriba; mira el cielo; mira los tiburones.

Capítulo doce
La cena

Xavier tiene los ojos abiertos. Él sabe que tiene que nadar hacia la **superficie**[77]. Mira los tiburones. Se acercan a él y… quieren jugar. Los tiburones lo ayudan a llegar a la superficie. Xavier los mira intensamente y ve que no son tiburones; ¡son delfines! Él llega a la superficie. Los delfines hacen sonidos y se van en familia. Xavier está más tranquilo. De repente, ve que uno de los delfines regresa, pero nada muy rápido. Xavier mete la cabeza debajo del agua y ve que no es un amable delfín, ¡sino un tiburón!

Xavier nada muy rápido también y sale del agua. El tiburón cambia de dirección y sigue su ruta hacia el océano. Xavier está mentalmente exhausto. Camina por el muelle hasta la playa. Recoge sus zapatos, el teléfono y la tarjeta de la habitación. Todos están hablando y divirtiéndose.

Xavier está en *shock*. Él habla con una persona en la playa y le dice que hay un tiburón en

---

[77] superficie= surface

el agua. La persona se ríe y le dice: «Claro que hay tiburones en el océano, es donde viven».

Xavier camina al hotel. ¿Qué acaba de pasar? En ese momento, recuerda a la anciana en el avión. Recuerda sus palabras: «La vida te va a enseñar una buena lección. Tendrás unas vacaciones interesantes».

«Mi madre es buena. Tengo que ser un mejor hijo», piensa Xavier al caminar al hotel.

Cuando entra a la habitación, ve que su hermanito está tomando una siesta. Su madre está en el balcón. Él puede escuchar la conversación entre su madre y otra persona. Xavier quiere hablar con ella y decirle «Te quiero, mamá», pero ella está teniendo una conversación muy seria. Xavier cree que está hablando con su papá.

«Tú tienes que hablar con Xavier. Está muy triste por tu culpa».

«Tienes que ser un hombre y decirle la verdad. Yo te he dado un mes para decirle a tu hijo la verdad. ¡Él necesita saber la verdad!».

Xavier se cubre la boca.

«Mike, yo no puedo. Me duele ver a mi hijo tan furioso. Sus notas no son buenas en la escuela».

«Yo no puedo decirle que te vas a casar en unos meses. ¡Yo no puedo aceptar que te cases con otra! Llevamos veinte años juntos, tenemos dos hijos. Yo pensé que estábamos trabajando en nuestra relación. ¡Yo no puedo!».

Hay silencio mientras Linda habla con el padre de Xavier.

«Me parece bien. Regresamos en unos días. Puedes venir entonces… ¡**Hazme el favor de no traer a tu prometida!**[78]».

---

[78] Hazme el favor de no traer a tu prometida= Do me the favor of not bringing your fiancé

Su madre termina la conversación. Después, ella está en trance mirando las **montañas**[79] a la distancia y el océano al fondo.

—No sé cómo decírselo a Xavier —dice Linda en voz baja y pensando en la conversación.

En ese momento Xavier se acerca a su madre.

—Mamá…, no tienes que decirme nada. He escuchado la conversación.

—Hijo —le dice preocupada—. ¿Dónde has estado? Fui a la playa y…

---

[79] montañas= mountains

—Lo siento, mamá. He sido un **patán**[80] como mi padre.

—No hables mal de tu padre. Es un buen padre, solo tiene prioridades diferentes ahora, pero los quiere mucho a ti y a tu hermano —le dice Linda.

—Eres la mejor madre del mundo. Sé que estás haciendo todo esto por nosotros. Eres una madre fuerte, bonita, divertida y **luchadora**[81].

En ese momento Linda empieza a llorar. Está muy emocionada de escuchar esas palabras de su hijo. El hermano menor viene al balcón y ve que su madre está llorando. De repente, le pega a Xavier.

---

[80] patán= jerk

[81] luchadora= fighter

—¡Eres malo! siempre haces llorar a mamá.

—Tranquilo, hijo —le dice Linda—. Lloro porque estoy emocionada.

Los tres se abrazan en el balcón.

—Ay..., hijo, ponte otra ropa. Te buscaba en la playa porque vamos a cenar con una familia que conocí aquí en la isla.

—¿Cuándo conociste a alguien? —pregunta Xavier.

—Fue el hombre del avión. Y creo que tú debes decirle «lo siento» por tu mala actitud con él.

—Está bien..., ¿pero puedo llegar un poco tarde? Es que he conocido a alguien también.

—¿De veras? —le dice la madre.

—¿La chica bonita? —pregunta el hermanito.

—¿Cuál chica bonita? —le pregunta la madre.

—Mamita, hablamos más tarde —le dice mientras la besa en la mejilla.

Xavier se pone ropa limpia y va al muelle para esperar a Julissa. Llega un poco tarde. Él espera a Julissa, pero ella nunca llega.

«¡Soy un idiota! Todavía no tengo su número», piensa mientras camina por el muelle.

Un poco más tarde, Xavier llega al

restaurante cerca del hotel. Y ve que su madre está hablando con el señor del avión. A Xavier no le gusta la situación, pero va a intentar ser amable por su madre.

—Hola, me llamo Xavier —le dice.

—Hola, soy Roberto. Mucho gusto.

Linda mira a Xavier como diciéndole con los ojos que él tiene que decirle «lo siento» al señor.

—Mire, don Roberto. Siento los comentarios del avión. No fue correcto.

—Está bien —contesta Roberto y todos empiezan a hablar.

Llega la comida y todos comen. De repente, Xavier ve a Julissa en el restaurante. Él quiere ir a hablar con ella, pero ella ya camina hacia él.

—Hola —dice Xavier contento. Él no puede creer en su suerte. ¡Ella apareció en el restaurante!

—Hola —responde Julissa.

Roberto se levanta de su asiento.

—Linda, Xavier, Jason, ella es Julissa. Es mi hija.

Xavier no puede creerlo.

«El hombre que yo ataqué verbalmente en el avión ¿es el padre de Julissa?», piensa Xavier.

—Hola, Julissa, mucho gusto. Ellos son mis hijos —dice Linda.

Julissa y Xavier se miran; están sorprendidos. Ella mira el menú. Ella piensa: «¿Xavier es el chico no educado del avión?».

—¿Qué pasa con la chica de la playa? —pregunta Linda a Xavier.

—Qué raro… Julissa tiene una amiga de la playa también —dice su padre. En ese momento, Rodríguez, como buen policía, hace la conexión: «La amiga de la playa no es una amiga, ¡es un amigo!».

En ese instante, Linda también hace la conexión. Ella mira a Rodríguez y sonríe. De repente, Rodríguez recuerda las recomendaciones de Linda. «Tienes que ser menos estricto con tu hija»

Rodríguez mira a todos y dice:

—Quiero proponer **un brindis**[82] por los nuevos amigos.

—Por los nuevos amigos —dicen todos.

Todos se ríen. Julissa está feliz porque su padre conoció a una amiga después de tres años. Xavier está feliz porque su madre conoció a un amigo después del divorcio. También está feliz por su nueva amistad con Julissa.

—Mañana vas a volver a Chicago. No me gusta. Quiero pasar más tiempo contigo — dice Julissa.

—Podemos pasar tiempo en Chicago —dice Xavier intentando no hablar fuerte que Roberto Rodríguez es un buen espía.

—Voy a estar aquí una semana más con la familia de mi madre.

—Te espero —dice Xavier.

---

[82] un brindis= a toast

El padre de Julissa los mira. Quiere interrumpir su conversación, pero está hablando con Linda; y le gusta la conversación.

Capítulo trece
Adiós, Hawaii

Al día siguiente, Xavier y su hermano regresan a Chicago. Cuando abordan el avión, Xavier ve un detalle muy peculiar. La misma anciana del vuelo anterior está en el vuelo.

«No puede ser», piensa Xavier al tomar su asiento al lado del asiento de la anciana.

Él la recuerda muy bien. Ella es la mujer que dijo «la vida va a enseñarte una buena lección».

—¡Uf! Esta maleta tiene muchas cosas —dice Linda mientras acomoda la maleta en el avión.

—Mami, te ayudo —dice Xavier. La anciana le sonríe. Xavier ve que ella tiene una maleta también, y la ayuda.

—Gracias, Xavier. Veo que tu actitud es diferente.

—Sí, usted lo recuerda —dice Xavier.

—He perdido muchas cosas en la vida pero la memoria no. Tengo muy buena memoria —dice la anciana.

Linda mira a la anciana y a Xavier.

—¿Qué tal tu viaje? —continúa la anciana.

—Muy bien..., como usted me dijo, la vida me enseñó muchas lecciones.

Los dos se ríen. Después hablan un poco. La mujer le habla de su vida, de la importancia de las amistades y la importancia de ser paciente **con uno mismo**[83]. A Xavier le gusta mucho la conversación y pasa mucho tiempo hablando con ella. Xavier descubre que ella vive en el mismo vecindario. No tiene hijos y a veces necesita ayuda. Él piensa en un plan para ayudarla.

Después de la conversación, Xavier completa su tarea. Sus notas no son buenas y puede completar mucha tarea durante el resto del vuelo.

Cuando llegan a Chicago, la anciana le toma la mano.

—Xavier, **la vida te va a sonreír**[84]. Recuerda que es importante perdonar. **El perdón te libera a ti**[85].

La anciana le dice adiós a Xavier y sale del avión.

«El perdón te libera a ti», piensa Xavier al salir del avión con su madre y Jason.

---

[83] consigo mismo= with yourself

[84] la vida te va sonreír= life will get better (smile on you)

[85] el perdón te libera a ti = forgiveness frees you

Cuando pasan por el café del aeropuerto, escuchan una voz familiar.

—Quiero un café con leche de soya con un poquito de caramelo —dice la persona.

—¿Papá? —dice Xavier sorprendido.

—¡Campeón! Jason, ¡ven aquí! —dice el padre contento de ver a sus hijos.

Jason abraza a su padre.

—Hola, Linda.

—Hola, Mike. ¡Qué sorpresa! —dice ella mirando alrededor. No quiere conocer a la prometida de Mike.

—Estoy solo —dice Mike al notar que Linda inspecciona a cada persona alrededor.

—Quiero pasar tiempo con mis hijos. Gracias por llevarlos de vacaciones. Eres una madre excelente —dice Mike.

—Gracias —dice Linda.

—¿Me los puedo llevar? Los dejo en casa en unas horas —pregunta Mike.

Linda está enojada porque Mike los abandonó durante las vacaciones. Pero ella quiere la oportunidad de estar sola.

—Sí, está bien —le dice dándole un abrazo a Jason.

Xavier también la abraza y le dice: «te quiero, eres la mejor madre del mundo».

Linda mira a Xavier. No comprende el cambio pero le gusta.

—¿Tienen hambre? —dice el padre interrumpiendo el momento familiar.

—Sí, yo tengo hambre —responde Jason.

Mike los lleva a un restaurante famoso cerca del aeropuerto Midway que se llama «Mi Tierra». El restaurante está en un vecindario mayormente mexicano. Por suerte, Xavier puede usar su español para ordenar la comida.

—Más salsa, por favor —dice Xavier al mesero. El mesero le da más salsa.

—Mahalo —dice Xavier. El mesero lo mira confundido.

—De nada —dice el mesero.

—Hijo, eres bilingüe —dice el padre.

El padre mira a Xavier. Sabe que tiene que dar muchas explicaciones a su hijo. Xavier está furioso, pero en este momento piensa en las recomendaciones de la anciana. «El perdón te libera a ti».

—Hijo… —dice el padre.

—Papá, tranquilo. No pasa nada. Te perdono. No tienes que explicarme nada. Estoy contento de verte —dice Xavier.

Su padre no sabe cómo responder. Su hijo parece ser un chico muy diferente ahora.

—Lo siento, no sabía como explicarte que tú mamá y yo nunca...

—Está bien, papá. Yo comprendo que algunas relaciones no funcionan. Samantha ya no es mi novia y me gusta otra chica.

Su padre ya comprende que la vida le ha enseñado lecciones importantes a su hijo.

—Es cierto, hijo. Algunas relaciones no funcionan. Y las relaciones son complicadas..., tal como las personas. Todavía quiero a tu mamá y los quiero mucho a ustedes. Eso nunca va a cambiar.

Se abrazan.

—Ahora, **cuéntame**[86] sobre Samantha —dice el padre mientras el mesero les trae la comida.

—¡Es una larga historia! Te cuento sobre Julissa, es una historia más interesante —dice Xavier.

Xavier y su padre hablan sobre las vacaciones y su nueva amiga, Julissa.

---

[86] cuéntame= tell me

Epílogo

Cuando Xavier regresa a la escuela, ve a Omar, su enemigo. Omar está con una chica. La chica es atractiva, ¡pero la chica no es Samantha! Omar lo mira. Xavier lo mira también.

—¡Xavier! — grita Omar.

En ese momento, Xavier piensa en el perdón. Sabe que Omar le va a decir un comentario inapropiado. Tiene que prepararse mentalmente.

—¿Qué tal, Omar? — responde Xavier.

—Quieres jugar un partido de baloncesto durante el **recreo**[87]. Te quiero en mi equipo.

Xavier piensa en la pregunta: «¿Omar me quiere en su equipo?».

—Sí, me siento como un ganador hoy —responde Xavier.

—Muy bien.

Xavier camina hacia su clase pero escucha su nombre otra vez.

—Oye, Xavier. Yo no era buen jugador antes. Todos piensan que siempre he sido buen jugador pero, ¿quieres saber la verdad?

---

[87] recreo= recess

—Dale —responde Xavier intrigado.

—Fui al campamento de baloncesto. Practicaba todos los días. Es mi secreto, practico mucho. Lo siento, hermano. No debí decirte comentarios inapropiados.

—Está bien. Te perdono, pero hoy vas a perder —dice Xavier riendo.

—Vamos a ver. Nos vemos en el recreo, hermano —dice Omar.

Xavier sonríe. No esperaba una situación positiva con Omar. Se dan un medio abrazo.

Después de las clases, Xavier se pone sus zapatos Jordan y su jersey. Él no tiene que ser el mejor jugador para **divertirse**[88]. «De eso se trata, de eliminar la presión y divertirse», piensa Xavier.

Antes de jugar, ve a Samantha, su exnovia. Ella está triste. Xavier quiere estar contento porque ella está triste. Al final, ella es la que dijo «lo nuestro se acabó». Pero Xavier es diferente ahora. Piensa en el mensaje de la anciana: «El perdón te libera a ti». En ese momento, Xavier comprende que Samantha necesita un amigo y no un enemigo. Xavier habla con Samantha.

---

[88] divertirse= to have fun

—Xavier, lo siento. Ser la novia de Omar (por una semana) fue un error. Quiero ser tu novia. Te quiero.

—No podemos ser novios, pero podemos ser amigos. ¿Qué dices?

—Está bien. Amigos —responde Samantha.

Julissa regresa a Chicago. Ella y Xavier hablan mucho por teléfono (Linda y el padre de Julissa también hablan por teléfono). Xavier y Julissa no se pueden ver mucho porque no viven en la misma área. De vez en cuando van al centro de Chicago para pasar tiempo juntos. Julissa va a Hyde Park para conocer donde vive Xavier. Van a los museos y pasan por la casa de Barack Obama, el primer presidente afroamericano de los Estados Unidos. No pueden ver bien la casa porque hay muchos **árboles**[89] y agentes oficiales. Van a un restaurante que prepara los mejores panqueques; un restaurante popular en el área.

Xavier también visita Humboldt Park. Ellos van a los restaurantes típicos puertorriqueños. Por primera vez, Xavier come un jibarito; un sandwich típico de Puerto Rico. Van al centro cultural y Xavier aprende más sobre la cultura de Puerto Rico y lo

---

[89] árboles= trees

fuerte que es su gente. Julissa le gusta mucho a Xavier. Xavier le gusta mucho a Julissa, pero ellos deciden ser amigos… por ahora.

Fin

Glosario

Abordan= the board (the plane)
Abordar = to board
Abraza= s/he h
Abrazan= they hug
Abren= they open
Acaba=s/he finishes
Acabo = I just finish
Acerca = around
Acomoda= s/he accommodates
Acompaña=she/he accompanies
Acostumbrado =accustomed
Actitud = attitude
Adelante = ahead
Además = in addition
Adivina = guess (the meaning)
Adolescentes =teenagers
Aerolínea =airline
Aeropuerto= airport
Africanas = africans
Agua=water
Aire =air
Al cabo = after
Al día siguiente= the next day
Algo= something
Alguien= someone
Algún=some

Alrededor = surrounding
Alto/a= tall
Amable= nice
Amigas= friends
Amistades= friendships
Amo= I love
Amor= love
Anciana= elderly woman
Año= year
Anterior= previous
Antes = before
Apenas =hardly
Apoyar= to support
Apreciar= to appreciate
Aprende =s/he learns
Aprender= to learn
Aqui= here
Arriba =above
Asiento =seat
Atrás = behind
Audífonos= headphones
Aunque= even though
A veces = sometimes
Avergonzado/a= embarrassed
Avion= airplane
Ayer= yesterday
Ayuda= s/he helps
Azafata= stewardess
Balcón= balcony
Balón= ball
Baño= bathroom

Banquillo= bench
Barquito= little boat
Barrio= neighborhood
Bien= well
Bilingüe= bilingual
Boca= mouth
Bolsa = bag
Bonito/a= pretty
Brazos = arms
Buen= good
Busca =s/he looks for
Buscando= looking for
Caballero= gentlemen
Cambiado= changed
Cambiar= to change
Camina= s/he walks
Caminan= they walk
Campeones= champions
Captar= to capture
Casa= house
Casi =always
Cerca= near
Cesta = basketball net
Chica = girl
Chico= boy
Cierra =s/he closes
Cierto= true
Ciudad=city
Colegio= school
Comparte= s/he shares
Compartimiento= compartment
Compré= I bought
Con = with
Confiar= to trust

Conmigo= with me
Conoce= s/he knows
Conocer= to know
Conocí= I knew
Consigo= with you
Contar= to count
Contesta= s/he answers
Contigo= with you
Corre= s/he runs
Corriendo= running
Cosas= things
Crees= you believe
Cual= which
Cuántos= how much
Cuestión = matter
Culpa= blame
Da =s/he gives
Dándole= giving him/her
Dar = to give
Debajo= underneath
Debemos= we must
Deben= they must
Deberías= you should
Debes= you must
Debí- I should have
Deciden= they decide
Decidimos= we decide
Decir= to say
Deja= s/he leaves
Dejo= I leave
Delante= in front of
Deprimido/a= depressed
De repente= all of a sudden

Desayunar = to eat breakfast
Descarga= s/he downloads
Descubre= s/he discovers
Desesperadamente= desperately
Después= after
De vez en cuando= once in a while
Dice= s/he says
dice =s/he says
Dicen= they say
Dicho= said
Difícil= difficult
Dijo= s/he said
Dinero= money
Dio =s/he gave
Discreta= discreet
Discuplas= sorry
Discutimos= we discussed/argued
Discutir= to discuss
Divertido/a =fun
Divertirse = to enjoy oneself
Dónde= where
Dorado= golden
Dormitorio= bedroom
Duerme=s/he sleeps
Durante= during
Educado= well-mannered
Ella =she
Emocionado= excited

Empieza =s/he starts
Empuja= he pushes
Empujaste= you pushed
Encanta =s/he loves
Enemigo =enemy
Enseñado =taught
Enseñar= to teach
Enseñó= s/he taught
Entrenamiento= entertainment
Envía= s/he sends
Epílogo
Era =was
Eres= you are
Escribe= s/he writes
Escribiendo=writing
Escribir= to write
Escuchan =they listen
Escuchar =to listen
Escuché= I listened
Escuela= school
Espera =s/he waits
Esperaba =s/he waited
Esperan= they wait
Estamos= we are
Están= they are
Estás= you are
Estatuas= statues
Este= this
Estoy= I am
Estudiantes= students
Estuvo= s/he was
Europeas= European
Frase= phrase
Fue= s/he went
Fuerte= strong

Fui= I went
Fuimos= we went
Ganador= winner
Ganar= to win
Genial= cool
Grabar= to record
Gritan= they scream
Gritando= screaming
Guarden= put away
Gusta= s/he likes
Hablamos= we speak
Hablando= speaking
Hablar= to speak
Hace= s/he does/makes
Hace calor= is hot
Hace dos años= 2 years ago
Hacer = to do / to mak
Haces =you do/ you make
Hacia = toward
Haciendo= doing/ making
Ha dicho= has told
Ha llegado= has arrived
Hambre= hunger
Han enseñado= they have taught
Han esperado =they have waited
Has estado= you have been
Ha sido= has been
Has odiado= has hated
Hasta = until
Has visto= you were seen
Ha tenido= has had
Hay =there is/ there are
Hemos regresado= we have returned
Hemos viajado= we have returned
He oído= I have heard
He perdido=I have lost
Hermano= brother
He sido=I have been
He visitado= I have visited
Hicimos = we did/we made
Hijo= son
Hombre= men
Hoy= today
Huracán= hurricane
Iba =s/he was going
Idioma= language
Indígenas= indigenous/ native to land
Intentamos= we intended
Interrumpiendo = interrupting
Irse= to go away
Joven= young
Juegan= they play
Juego= I play
Jugador= player
Jugamos= we play
Lado = sid
Lágrimas = tears

Leche de soya= soy milk
Lee= s/he reads
Legendario= legendary
Lejos= far
Lento =slow
Levanta= s/he gets up
Levantando= getting up/ waking up
Leyendo = reading
Leyó=s/he read
Libera= s/he frees
Líder= leader
Listo= ready
Llamadas= phone calls
Llamar= to call
Llega= s/he arrives
Llegan= they arrive
Llegar = to arrive
Lleva= s/he carries
Llevar= s/he carries
Llora =s/he cries
Llorar= to cry
Lo siento= I'm sorry
Luchadora = fighter
Luchar= to fight
Madre= mother
Maduro= mature
Mala=bad
Maleta =suitcase
Manera =manner/way
 mano= hand
Marca =scores
Media hora =half hour
Mejor= better
Menor= younger
Mensaje=message

Mentalmente = mentally
Mentiras= lies
Mentirosa= liar
Meses= months
Mezcla= mix
Mientras= meanwhile
Mira =s/he looks at
Miran= they look at
Mirando= looking
Mismo= same
Mochila= backpack
Muelle = pier
Mueve= s/he moves
Mujer= mother
Mundo =world
Museo = museum
Nada = nothing
Nadador= swimmer
Nadar= to swim
Ningún= none
Niño= boy
Nombre'= name
Nosotros =we
Nos vemos= we'll see each other
Novio= boyfriend
Nuestro=our
Nunca=never
Ocupado= busy
Odié= I hated
Odio= I hate
Ojos= eyes
Ojos abiertos= eyes open
Olas= waves
Olvidar= to forget

Otra vez=another time
Otros = others
Padres= parents
Pájaro= bird
Palabras= words
Parece = it appears
Partido= game/ match
Pasajero/a= passenger
Pasando= passing/ happening
Pasar= to pass/to spend
Pasillo = aisle
Pedí= I asked
Pedir= to ask
Pega s/he hits
Película= movie
Pensé= I thought
Peor= worst
Pequeño= small
Perdedor= loser
Perdido= lost
Perdimos= we ask
Perdón= forgiveness
Perdonen= forgive
Permanece = s/he remains
Pesa =s/he weighs
Piensa =s/he thinks
Piso =floor
Playa= beach
Poco= little
Podemos=we can
Poder= to be able to
Por= for
Porque= because
Pregunta= s/he asks

Pregunto= I ask
Preocupan= they worry
Preparar = to prepare
Primera vez= first time
Prometida = fiancee
Pronto= soon
Pueden= they can
Puedes =you can
Puedo= I can
Puerta = door
Pues= well
Puntos= points
Queda= s/he stays
Quedando=staying
Queremos= we want
Querida= beloved
Quién= who
Quiere =s/he wants
Quieren= they want
Quieres = you wants
Quiero= I want
Quítate= take off
raíces= roots
Razones= reasons
Reciben= they receive
Recoge=s/he picks up
Recogen=they pick up
Reconstruir= to rebuild
Recordar= to remember
Recuerda= s/he remembers
Regalos= gifts
Regresa=s/he returns
Regresan= they return
Reír= to laugh
Respira= s/he breathes

Riendo= laughing
Rojo= red
Ropa= clothing
Rumbo =path
Sabe= s/he knows
Saben= they know
Saber =to know
sabía= s/he knew
Saca= s/he takes out
Sacan= they take out
Sale= s/he leaves
Salen= they leave
Salir= to leave
Salta= s/he jumps
Sé= I know
Se abrazan= the embrace each other
Se acerca= s/he gets closer
Se besan= they kiss
Se cubre= it's covered
Se despierta =he wakes up
Segundos= seconds
Seguridad= security
Se levanta= s/he gets up
Semana= week
Sentarse= to sit down
Se pone =s/he puts on
Se quita =s/he takes off
Se ríe= s/he laughs
Se ríen =they laugh
Serio= serious
Se va = s/he goes
Siempre= always
Siente =s/he feels

Sigue= s/he continues
Siguiente =following
Simpática= nice
Sin= without
Sitio=site
Sobre=about
Soldados= soldiers
Somos= we are
Son= they are
Sonidos= sounds
Sonríe= s/he smiles
Sonrisa =smile
Sorprende =s/he surprises
Sorprenden= they surprise
Sorprendido= surprised
Sorpresa =surprise
Soy= I am
Suerte =luck
Sur= south
Tal como =just as
También =also
Tampoco= neither
Tarde = late
Tarjeta= card
Técnico= coach
Tema = theme
Temprano= early
Tendrás= you will have
Tenemos= we have
Tener= to have
Tener cuidado= to be careful
Termina =s/he finishes
Terminó=s/he finished

Tiburón= shark
Tiempo= time
Tiene= s/he has
Tienen= they have
Tienen hambre= they are hungry
Tienes = you have
Tira=s/he throws
Todos= all
Toman= they take
Tomar= to take
Trabajo= I work; job
Tranquiliza= s/he calms
Tranquilizarse= to become calm
Trenzas= braids
Triste=sad
Tuvimos= we had
último =last
Único= unique
Usted= you
Va= s/he goes
Vámonos= let's go
Vamos= we go
Van =they go
Váyanse = go (plural)
Ve= s/he sees; you go
Vecindario= neighborhood
Ven= they see
veo= I see
Ver =to see
Verdad= truth
Viaja=s/he travels
Viajar= to travel
Viaje= trip

Vida= life
Videojuegos = videogames
Viendo= seeing
Viene s/he comes
Vive= s/he lives
Viven= they live
Vives= you live
Vivo= I live
Volar= to fly
Volver= to return
Voy= I'm going
Voz= voice
Voz alta =loud voice
Voz baja= whisper
Vuela= flies
Vuelo= flight
Vuelve= s/he flights
Vuelven= they return
Vuelves= you return
Ya= already
Zapatos= shoes

More Titles by A.C. Quintero!

Spanish Language Readers

Novice-mid- Novice- High Learners
La clase de confesiones
La bella mentira
Feliz Cumpleaños

Novice-high- Low Intermediate Learners
El mensaje
Cómo salir de la zona de amigos

Intermediate-mid+
El escape
Las apariencias engañan
El armario
Las sombras
El último viaje

French Language Readers
La classe des confessions

German Language Readers
Die Stunde der Wahrheit

Novels and Resources by A.C. Quintero
acquinterobooks.com

Made in the USA
Middletown, DE
03 May 2023

29475334R00056